Diogenes Taschenbuch 20544

de
te
be

Loriots Kommentare

*zu Politik,
Kriminalistik,
Wirtschaft und Finanzen,
Landwirtschaft, Kultur,
Modernes Leben,
Männer und Sport
sowie Tier-
und Frauenwelt*

Diogenes

Loriots Kommentare
erschienen zuerst im ›Stern‹
von Nr. 19, 1975, bis Nr. 54, 1977.

80/85/8/6
ISBN 3 257 20544 9

Inhaltsverzeichnis

1. Politik

2. Kriminalistik

3. Wirtschaft und Finanzen

4. Landwirtschaft

5. Technik und Umwelt

6. Reise und Verkehr

7. Kultur

8. Modernes Leben

9. Aus der Welt der Medizin

10. Aus der Welt des Tieres

11. Aus der Welt der Frau

12. Er

13. Sport

14. Letzte Gelegenheit

1. Politik

Auf höchster Ebene

Bei den Vorbereitungen für ein internationales Gipfeltreffen ...

... wurde volle Übereinstimmung erzielt ...

Tiefpunkt

Die Ost-West-Beziehungen haben zu Ostern ...

... einen neuen Tiefpunkt erreicht ...

. . . über die Unverrückbarkeit der Standpunkte . . .

. . . von Watzmann, Hochvogel, Finsteraarhorn, Mönch, Eiger und Popocatepetl.

. . da durch eine diplomatische Indiskretion . . .

. . . die Verstecke aller sowjetischen Ostereier bekannt geworden sind.

Klärung

Die Lage in China wäre übersichtlicher, wenn es gelänge . . .

. . . nicht nur Tschang Tschung Tschiao und Tschiang Tsching . . .

Zum Wahlkampf

Ich liebe Politiker auf Wahlplakaten: . . .

. . . Sie sind tragbar . . .

. . . durch Tscheng Tschiao
Tschung und Tschin Tsching
Tschiao, sondern auch . . .

. . . Tscheng Tschang
Tschiao durch Tschung
Tsching oder Tsching
Tschung zu ersetzen.

. . . geräuschlos . . .

. . . und leicht zu
entfernen.

Diplomatie

Das Schmieren von Politikern . . .

. . . ist turnusmäßig durchzuführen . . .

Bonner Karriere

Für Bundestagskandidaten, die nicht gewählt werden . . .

. . . stehen als Ausweichtermine noch zur Verfügung . . .

. . . damit eine festgefahrene Politik . . .

. . . immer mal wieder ins Rutschen kommt.

. . . die Wahl zum Mister Universum und täglich um 17.00 Uhr . . .

. . . die Damenwahl beim Tanztee im Café Schmitz.

Bonner Anzeige

Für die Bonner Sommerpause sucht die Bundesregierung immer noch ...

... zuverl. Herrn od. Dame – 98/55/98 –, angen. Äußer., symp., ehrl. sportl., ...

Umweltverschmutzung

Die Gefährlichkeit von Atomkraftwerken ...

... wird erneut durch die Tatsache bewiesen ...

.. viels. interess., Nichtr., dyn., liebev., zärtl., . . .

. . . der/die zeitw. das Amt des Bundeskanzl. übernimmt.

.. daß sogar die relativ saubere Kernspaltung der Unionsparteien . . .

. . . die Atmosphäre für Jahrmillionen vergiftet.

Richtigstellung

DGB, AOK, DAG, CDU
und SPD . . .

. . . ebenso wie LAP, NKL
und PVI . . .

Konzertierte Aktion

Im Falle eines Streiks
der IG Sperrmüll . . .

. . . ist durch weit-
sichtige Planung der
Bundesregierung . . .

... sind keine echte
Alternative ...

... zur RKH im Sinne der
KMZRFBO.

... die Versorgung
der Bevölkerung mit
Sperrmüll ...

... auf Jahre hinaus
sichergestellt.

Landesfarben

Auch Braunschweig
hat jetzt sein Farbigen-
problem: ...

... Seit auf einer
Wahlkundgebung ein
Schwarzer ...

Freiheit

Frank oder frei
oder Frankfurt statt
Freiheit oder ...

... Sozialismus
in Frankfurt am Main
oder an der Oder ...

. . . nach dem Genuß
einer Berliner Weißen . . .

. . . einem Roten
ein blaues Auge schlug.

. . . also statt Freiheit
in Frankfurt . . .

. . . Sozialismus
an der Oder statt in der
Stadt oder wie?

Zum Radikalenerlaß (I)

Laut Ergänzungsklausel zum Radikalenerlaß . . .

. . . ist es im öffentlichen Dienst . . .

Zum Radikalenerlaß (II)

Im Zuge der Lockerung des Radikalenerlasses . . .

. . . ist vorgesehen . . .

. . . linksextremen Busfahrern untersagt . . .

. . . aus Tarnungsgründen rechts zu fahren.

. . . erkälteten Lehrern das Unterrichten zu gestatten . . .

. . . auch wenn der Hals noch sehr rot sein sollte.

Sympathisanten

Laut Anordnung aller Innenminister in Ländern mit christlicher Unionsregierung ...

... ist die Bescherung nur noch vom Christkind persönlich vorzunehmen ...

Neujahrsbotschaft

Als Auftakt zum Wahljahr eignen sich manche Politiker ...

... hervorragend als Silvesterraketen ...

. . . nicht jedoch von roten Weihnachtsmännern . . .

. . . oder deren Sympathisanten.

. . . sie steigen rasch auf, sind nicht sehr helle . . .

. . . und platzen mit dezentem Knall!

2. Kriminalistik

Kalte Spur

Die ganze Unfähigkeit
der internationalen
Kriminalistik ...

... beweist sich
durch die Tatsache ...

Aktenzeichen ungelöst

Die Verbrechensbekämpfung
erlitt eine empfindliche
Schlappe: ...

... trotz schärfster
Sicherheitsmaßnahmen der
Kriminalpolizei ...

. . . daß es seit Jahrzehnten nicht gelingt . . .

. . . den Niagara-Fall restlos aufzuklären.

. . . ereignete sich im Dezember nahezu täglich . . .

. . . ein Einbruch der Dunkelheit.

Datenverarbeitung Wiesbaden

Jder zwxte Bndesbürger ...

... brhptat, daß
Kbbrlopf mit Hiklgnz ...

. . . 0,0006 Quupplochs
schnrrrt . . .

. . . oder Mphx5?ken am
Szcipyzz'7&x
mpfpööplbsen krxt!!

3. Wirtschaft und Finanzen

Börsenbericht

An den Devisenbörsen
in aller Welt . . .

. . . hält zum Erstaunen
von Politikern
und Finanzexperten . . .

Freie Marktwirtschaft

Die Übersättigung auf
dem Kapitalmarkt . . .

. . . beruht auf
dem Entschluß der
Bundesbank . . .

. . . der Abwärtstrend
von Pfund und Dollar
unvermindert an . . .

. . . während der Groschen
einfach nicht fallen will.

. . . ihre Goldreserven
gewinnbringend . . .

. . . in Frühkartoffeln
anzulegen.

Entwicklungshilfe

Der Bundesminister
für wirtschaftliche
Zusammenarbeit ...

... bittet alle Urlauber,
ihr belichtetes
Fotomaterial ...

Sitzung

Dynamische
Unternehmer ...

... machen auch in
schlechten Zeiten ...

. . nicht an ihn persönlich zu schicken . . .

. . . sondern direkt an die zuständigen Entwicklungsländer.

. . . mindestens einmal täglich . . .

. . . ein kleines Geschäft!

Arbeitskampf

Wenn die Baugewerkschaft höhere Sockelbeträge fordert ...

... kann man es sich an den Knöpfen abzählen ..

Patentlösung (I)

Neue Hoffnung für Spekulanten: ...

... Durch Preisverfall unnütz gewordene Goldreserven (Barren, Münzen u. ä.) ...

.. wann die Gewerkschaft
Textil und Bekleidung ...

... einen neuen Manteltarifvertrag verlangt – womöglich mit Kragenzuschlag.

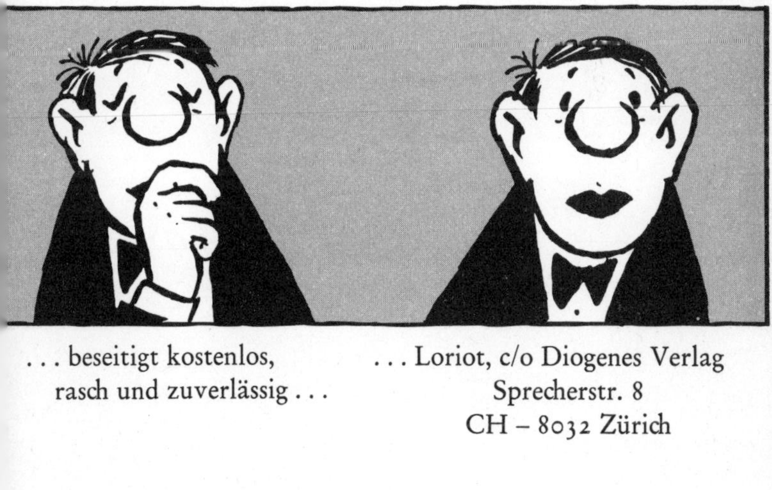

... beseitigt kostenlos, rasch und zuverlässig ...

... Loriot, c/o Diogenes Verlag
Sprecherstr. 8
CH – 8032 Zürich

Steuerreform

Das bundesweite Ansteigen
der guten Vorsätze
zum neuen Jahr ...

... wird das Bonner
Finanzministerium
veranlassen ...

Jugend forscht

Das natürliche
Wachstum der Jugendkrimi-
nalität wird bedroht ...

... durch die
unternehmerfeindliche Politik
der Bundesregierung ...

. . . die mangelhaften Umsatzsteuern . . .

. . . durch eine wirksame Vorsatzsteuer auszugleichen.

. . . Nur noch wenige idealistische Kriminelle . . .

. . . können Ausbildungsplätze und Lehrstellen finanzieren.

Die Lottozahlen

Als Beitrag zur allgemeinen Vermögensbildung ...

... gibt der Deutsche Lottoblock in dieser Woche ...

... sämtliche
Gewinnzahlen im voraus
bekannt: ...

... 8 – 15 – 16 – 23 –
27 – 42 und die Zusatzzahl 12
(mit Gewähr).

4. Landwirtschaft

Aus Stadt und Land

Eigentlich ist der Landwirt . . .

. . . ein völlig überflüssiger Beruf . . .

Kahlschlag

Angesichts der verheerenden Schädigung heimischer Nutz- und Edelhölzer . . .

. . . durch Damwild, Spechte und Borkenkäfer . . .

. . . Moderne Menschen kaufen ihr Brot . . .

. . . sowieso im Supermarkt.

. . . darf man sich nicht wundern, wenn aus unseren deutschen Wäldern . . .

. . . das Nudelholz bald so gut wie verschwunden ist.

Patentlösung (II)

Der Preis für Eier . . . . . . ließe sich drastisch senken . . .

Warnung

Wie erst jetzt bekannt wird . . . . . . stammen fast alle Ostereier . . .

.. wenn die Schalen nicht weggeworfen ...

... sondern beim Erzeuger frisch gefüllt würden.

... von unglücklichen Hasen in Legebatterien.

Muttu nich essen! Hattu gehört?

Der grüne Plan

Es war einmal
ein braver Landwirt und
seine Frau . . .

. . . dic schenkten der
Gemeinde eine
hübsche Wiese für ein
Atomkraftwerk . . .

. . . und zur Belohnung
wird es nun nie-
mals dunkel in ihrem
Häuschen . . .

. . . und wenn sie
nicht gestorben sind,
dann le . . .

5. Technik und Umwelt

Volltreffer

Explosionen in Kern-
kraftwerken sind nicht mehr
so unbeliebt ...

... seit man weiß, daß im
Katastrophenfall ...

Sauber (I)

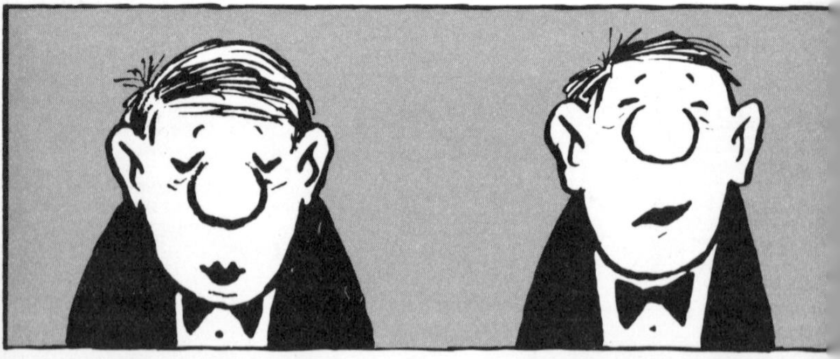

Durch eine neue
Reinigungsmethode ...

... auf saubersten
Uran-Grundlage ...

. . . auf einer Fläche von
400 Quadratkilometern . . .

. . . sämtliche Garten-
schädlinge vernichtet werden.

. . . gelang es bisher
zwar nicht, frische
Teerflecken . . .

. . . jedoch einen über
800 Jahre alten Marktflecken
spurlos zu entfernen.

Energieverlust

Bedenklich erscheint
in deutschen Haushalten wäh-
rend der Wintermonate . . .

. . . der fahrlässige
Verbrauch von Energie . .

Sparprogramm (I)

Das sogenannte
Sonnenbad ist laut Verfügung
vom 1. 6. 77 . . .

. . . in den kommenden
Urlaubswochen . . .

. . . denn schon die
Hälfte des verfeuerten Heiz-
öles würde genügen . . .

. . . die Nordsee an
kühlen Tagen um 0,0002 Grad
zu erwärmen.

. . . zur Einsparung
von Sonnenenergie . . .

. . . auf täglich 72 Sekunden
zu beschränken.

Der Fernsprecher

Das Telefon gehört der Post . . .

. . . und ist daher ein Faß ohne Boden . . .

. . . soviel man
auch auf der einen Seite
hineinspricht . . .

. . . auf der anderen
Seite kommt doch alles
wieder raus!

6. Reise und Verkehr

Öffentlicher Verkehr

Nach den neuen Richtlinien ...

... betreffs Geschwindigkeitsbeschränkung für Beamte ...

Frischwärts

Nach neuesten Untersuchungen ...

... enthält das Mittelmeer ..

. . . ist es untersagt,
während der öffentlichen
Verkehrszeiten . . .

. . . den Amtsschimmel
auf Trab zu bringen.

. . . neben den gewohnten
chemischen Stoffen . . .

. . . immer noch einen
hohen Prozentsatz Wasser!

Abenteuer-Urlaub

Abenteuer-Urlauber, deren Ferienaufenthalt in Beirut oder Nordirland . . .

. . . durch häufige Feuerpausen an Reiz verlor . .

Freizeit-Terror

Auch in der fortschrittlichsten Freizeitregelung für Arbeitnehmer . . .

. . . sollten Geiselnahmen im Ausland . . .

. . . haben gesetzlichen
Anspruch auf eine gleich-
wertige Pauschalreise . . .

. . . in ein verläßliches
Erdbeben-Erwartungsgebiet.

. . . mit weniger
als acht Regentagen . . .

. . . auf den Urlaub
angerechnet werden.

Rückstau

Zur Zeit beträgt am Sonntag-
abend der Autorückstau nach
München etwa 25 Kilometer . . .

. . . im Jahre 1980
etwa 150 Kilometer . . .

Privatverkehr

Mit der Pille
für Autofahrer . . .

. . . bliebe auch
bei starkem Verkehr . . .

. . . und um das Jahr 2000
werden es wohl
800 Kilometer sein . . .

. . . na, dann fährt
man eben die Nebenstraße
über Kalkutta.

. . . das Tempo 200 auf
Landstraßen . . .

. . . ohne uner-
wünschte Folgen.

Gleiskörper

Die Beschneidung des eigenen Schienenstranges ...

... ist ein trauriger Beweis ...

Bundesbahnsanierung

Zwecks Behebung ihrer finanziellen Talfahrt ...

... bittet die Bundesbahn jeden Bundesbürger ...

... für das gestörte
erotische Verhältnis ...

... der Bundesbahn
zu ihrem Gleiskörper.

... um häufiges un-
erlaubtes Betätigen der
Notbremsen ...

... und rasche Entrichtung
des fälligen Bußgeldes.

7. Kultur

200 Jahre USA

Zur 200-Jahr-
Feier der
Vereinigten Staaten . . .

. . . vermißten
folgende Damen und Herren
ihre Einladung: . . .

Musikfestspiele

Wenig Sinn für Musik
bewies ein oberfränkischer
Bürgermeister . . .

. . . der freiwillig aus
dem Leben schied . . .

. . . Hans-Ewald Broitzmann, Mizzi Klöber, Erwin Lohmeyer . . .

. . . Dr. Kurt Seidel, Britta Prczybilla, Claus-Heinrich Klein und Bubi Pohle.

. . . da seine Dorfgemeinde als einzige in der Bundesrepublik . . .

. . . für nicht festspieltauglich befunden wurde.

Richard Wagner

Zum Bayreuther Jubiläums-
jahr fordert der Opernfreund ...

... eine Überschall-Platte,
die es endlich erlaubt ...

Ohrenschmaus

Eine Lerche macht noch
keinen Frühling ...

... und eine Taube macht
noch keine Diskothek ...

. . . das Gesamtwerk
Richard Wagners . . .

. . . in weniger als
einer Minute abzuhören.

. . . aber eine Diskothek . . .

. . . macht taub!

Filmkunst

Der deutsche
Film . . .

. . . ist angenehmer
als eine Nase . . .

Information

Die Unausgewogenheit der
Rundfunkanstalten
beweist sich . . .

. . . beim täglichen
Inlandsbericht . . .

. . . denn bei durchschnittlicher Länge . . .

. . . läuft er nur 90 Minuten.

. . . wir erfahren die Wasserstände von Elbe, Werra, Rhein und Ems . . .

. . . wohingegen Informationen über Würstchenstände einfach unterschlagen werden.

Titelei

Das ehrgeizige Streben nach Titeln . . .

. . . kann auch in diesem Jahr weitgehend befriedigt werden . . .

Kulinarismus

Die Überbevölkerung der Erde . . .

. . . ist für ältere Feinschmecker nur zu begrüßen . . .

. . über 280 000 wertvolle Titel sind allein . . .

. . . auf der Frankfurter Buchmesse preisgünstig zu erwerben.

. . . denn bis zum achtundzwanzigsten Lebensjahr ist der Mensch . . .

. . . wohlschmeckend und bekömmlich.

8. Modernes Leben

Lebensfreude

Nach dem Sexrausch der Pornowelle . . .

. . . dem Konsumrausch der Freßwelle . . .

Unerwünschtes

Alle reden von Flugzeugentführungen . . .

. . . Kidnappern, Grippe, Arbeitslosigkeit . . .

... stürmen wir nun ...

... im Vollrausch über die Promilleschwelle.

... Alkoholismus und Drogenmißbrauch ...

... aber niemand spricht von Mutterschaft.

Jugendproblem

Die Lebensjahre sämtlicher deutscher Kleinkinder . . .

. . . betragen zusammengerechnet . .

Elf

Elf ist schön . . .

. . . schöner sind Helmut Schön und seine tolle Elf .

. . . etwa 4 Millionen
Jahre . . .

. . . das ist einfach zu alt.

. . . aber am schönsten
sind die tollen Tage . . .

. . . ab elften Elften,
elf Uhr elf!

Alltag

Warum steht Aschermittwoch eigentlich im Kalender ...?

... Abgesehen von Ostern, Pfingsten, Weihnachten ...

Sparprogramm (II)

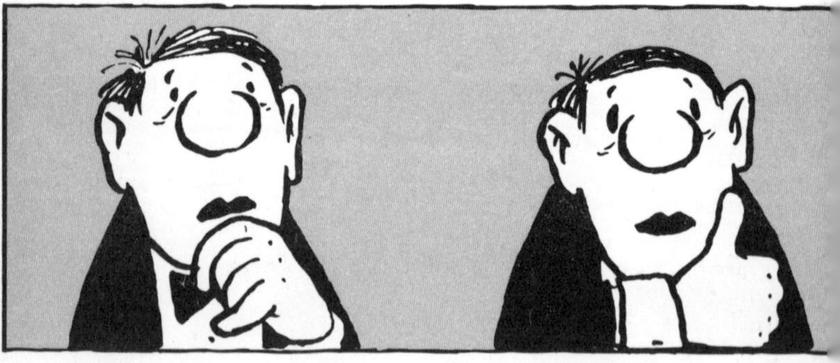

Warum sollten wir ferner darauf sehen, zu sparen ...

... wenn wir vom Gesparten nur von ferne was sehen? ...

.. Silvester, Geburtstag
und drei Wochen Urlaub ...

... ist doch immer
Aschermittwoch.

... So gesehen, bleibt
man dem Sparen fern ...

... im Fernsehen bleibt
einem sowieso nichts
erspart!

Horoskop

Laut Horoskop der Woche haben im November ...

... Steinbock, Fische, Zwilling, Stier, Jungfrau, Wassermann, Löwe ...

Verhütungsmittel

Die Zahl von jährlich rund 20 000 Adventskranzbränden ...

... ließe sich fast um die Hälfte reduzieren ..

. . . Krebs, Schütze,
Widder, Skorpion und Waage
nichts zu lachen . . .

. . . das gleiche
gilt für Igel, Bäcker und
Nähmaschinen.

. . . wenn pro Haushalt
nicht ein Kranz
mit vier Lichtern . . .

. . . sondern vier Kränze
mit einem Licht
angezündet würden.

Zum Fest

In Deutschland feiern wir lieber weiße als grüne Weihnachten ...

... in Hongkong feiern mehr Gelbe als Weiße Weihnachten ...

Umtausch

Wie der Einzelhandel zum Weihnachtsfest mitteilt ...

... sind Nahrungsmittel vom Umtausch ausgeschlossen ...

. . . in Afrika feiern viele Farbige Weihnachten . . .

. . . und nur wenige Weiße grüne Weihnachten!

. . . wenn der Genuß derselben . . .

. . . länger als eine Woche zurückliegt.

Silvester

Freunden des Bleigießens ist zu raten . . .

. . . bei weiterer Verknappung des wertvollen Schwermetalles . . .

. . . auf die einheimischen Gemüsemärkte auszuweichen: . . .

. . . Schon Petersilie enthält viel Blei für Spiel und Spaß.

9. Aus der Welt der Medizin

Der kleine Eingriff

Die vernünftige Entwicklung der Menschheit ...   ... ist kein Traum mehr ...

Infektion

Zum Beginn der diesjährigen Grippesaison ...   ... insbesondere im Hinblick auf die Verbreitung der Virusgruppe Hongkong I-IV ...

. . . seit es chirurgisch
ziemlich einfach ist . . .

. . . das Gehirn zu entfernen.

. . empfiehlt der deutsche
Apothekerbund . . .

. . . Wattepusten, Mund-
zu-Mund-Beatmung und
Zungenkuß.

Statistik

Die Ärztehonorare in Deutschland ... ... sind längst nicht so hoch, wie behauptet wird ...

Epidemie

Die Seuchengefahren durch die gemeine Wanderratte ... ... und die lästige Kopflaus sind weitgehend gebannt .

Viel höher sind
der Wasserverbrauch von
Niedersachsen . . .

. . . und der kleine Feldberg
im Taunus (826 m).

. . . nun droht die Ver-
breitung der Pest . . .

. . . durch die Wanzen des
Bundesverfassungsschutzes.

Brechreiz

Auch bei Kriminellen scheinen Berufskrankheiten aufzutreten: . . .

. . . In der Frankfurter Innenstadt wurden vor kurzem . . .

Übergewicht

Bei vernünftiger Diät können vierzig Millionen Bundesbürger . . .

. . . pro Woche je zwei Kilo abnehmen . . .

. . . zwei offensichtlich magenleidende Autodiebe festgenommen . . .

. . . die innerhalb von 14 Tagen 368 Kraftfahrzeuge erbrochen hatten.

. . . das sind pro Jahr vier Millionen Tonnen und entspricht . . .

. . . dem Gewicht von neunundachtzig Millionen Mantelpavianen (ohne Mantel).

Kalorien

Eine Semmel
enthält 140 Kalorien ...

... 700 Semmeln pro Jahr
ergeben 98 000 Kalorien ...

Hygiene

Im Rahmen
anstehender Modernisie-
rungsbestrebungen ...

... schlagen die
zuständigen Gesundheits-
behörden vor ...

... diese benötigt man,
um eigenhändig ...

... 1 Elefanten 9 Zentimeter
weit zu tragen. Aber wozu?

... alle öffentlichen WCs ...

... von Brillen auf
Haftschalen umzurüsten.

Sauber (II)

Infolge ihrer ungewöhnlichen Sauberkeit ...

... gehört die Neutronenbombe vor allen Dingen in die Hände ...

. . . von Hausfrauen,
Kleinkindern,
Krankenschwestern . . .

. . . Jungtieren,
Gastronomen, Bademeistern
und Masseusen.

10. Aus der Welt des Tieres

Der Goldhamster

Alle Goldhamster
Europas . . .

. . . könnten sich zu einer
Pyramide formieren . . .

Die Eintagsfliege

Die Eintagsfliege
wird bereits . . .

. . . zwölf Stunden nach
der Geburt . . .

. . . die von der Erde
bis zum Mond reicht . . .

. . . wenn sie nur nicht
so dumm wären.

. . . von ihrer
Midlife-Crisis erwischt.

Das muß man sich
mal klarmachen!

Der Hund (I)

Der tägliche Unrat deutscher Haushunde ...

... auf Straßen und Plätzen der Bundesrepublik ..

Der Hund (II)

Hunde sind sprichwörtlich – zum Beispiel: Ein Hund wäscht den anderen ...

... oder: Morgenhund hat Gold im Mund ...

. . . entspricht einem
Haufen von der Größe der
Vereinigten Staaten . . .

. . . natürlich ohne
Kalifornien!

. . . oder: Der Glückliche
schlägt keine Hunde . . .

. . . oder aber: Ich sei,
gewährt mir die Bitte,
bei euren Hunden der Dritte.

Die Vögel (I)

Nach Ansicht führender Ornithologen ...

... ist das Hühnchen im Bett ...

Die Vögel (II)

Wenn die Singvögel nach Süden fliegen ...

... werden sie in Italien gebraten und gegessen ..

. . . besser als der
Hahn auf dem Dach . . .

. . . oder der Kuckuck auf
dem neuen Farbfernseher.

. . schade, daß so wenige
italienische Sänger . . .

. . . nach Norden fliegen.

Der Laubfrosch

Auf Anordnung des Meteorologischen Instituts ...

... werden nach dem tragischen Heimgang eines Frankfurter Laubfrosches ..

Der Regenwurm

Wenn alle Regenwürmer Europas sich hintereinander legen würden ...

... könnten sie auf der Autobahn eine Schlange bilden ...

. . . am kommenden Donnerstag . . .

. . . alle Wetterfahnen auf Halbmast gesetzt.

. . . die München – über Würzburg und Hannover – mit Hamburg verbindet . . .

. . . aber das ist polizeilich verboten!

Sonstige

Ein Strauß,
der Mist macht . . .

. . . ist in keinem
gepflegten Saustall
gern gesehen . . .

... denn auch mit dem
besten Strauß ...

... hat eine gute Sau
kein Schwein.

11. Aus der Welt der Frau

Sommerschlußverkauf

Mit einer Enttäuschung am Wühltisch ...

... endete der Sommerschlußverkauf für Frau Elli Reschke ...

Stelldichein

Dringender Reiseruf: Unbekannte Dame aus Wuppertal ...

... erwartet im Raum Nürnberg-Feucht ...

... die ihren Sieg
im Ringen um drei
Büstenhalter ...

... mit dem Verlust
der eigenen Strumpfhose
bezahlen mußte.

... umgehend Anruf eines
mittelgroßen hessischen
Opelfahrers ...

... unterwegs nach
Dänemark oder Spanien.

Heim und Herd

Zum Schutz heimtätiger Hausfrauen erteilt das Bundesinnenministerium ...

... bei starker Dunstentwicklung in Wohnraum und Küche ...

Salatöl

Zur Bohrinsel-Katastrophe in der Nordsee ...

... teilt uns eine Rentnerin aus Hildesheim ergänzend mit ...

. . . und Sichtweiten
unter 30 cm . . .

. . . keine Landeerlaubnis
für fliegende
Untertassen.

. . . es sei ihr gelungen,
eine auslaufende
Salatölflasche . . .

. . . ohne die Hilfe
amerikanischer Experten
zu schließen.

Unfallverhütung

Die steigende Zahl von Haushaltsunfällen ...

... läßt es ratsam erscheinen ...

Haarpflege

Glauben Sie Ihrem Friseur: ...

... Eine etwas kältere Dauerwelle ...

. . . Bad, Küche und WC nur noch in Ausnahmefällen . . .

. . . oder gar nicht zu betreten.

. . ist immer noch besser . . .

. . . als eine dauernde Kältewelle!

Freizeitgestaltung

Ballspiele dienen der Körperertüchtigung ...

... beim Fußball kennt man das Ergebnis nach 90 Minuten ...

. . . während es beim
Faschingsball . . .

. . . bis zu neun Monaten
auf sich warten läßt.

12. Ex

Partnerwahl

Männer, die wissen,
worauf es ankommt ...

... wählen für ihren
vollautomatischen Küchen-
bereich ...

Maier

Am 1. Mai
feiert Herr Maier ...

... erstens seine erste
Erste-Mai-Feier ...

. . . nur luftgekühlte
Hausfrauen . . .

. . . mit wartungsfreier
Kaltstartautomatik.

. . zweitens ist Herr Maier . . .

. . . nun der erste
Erste-Mai-Feier-Maier!

Rasur

Nach letzten demoskopischen Untersuchungen deutscher Männer ...

... entfallen auf einen Naßrasierer bereits fünf Trockenrasierer ...

Das Krawattenproblem

Übertriebene Tierliebe bedroht die Krawattenindustrie ...

... denn schon ab 1. April 1978 ...

. . . das ist bei einem
Durchschnittsgewicht
von 75 kg . . .

. . . auf die Dauer
eine ganz enorme
Belastung.

. . . ist es dem
modebewußten
Herrn untersagt . . .

. . . eine Fliege
zu binden!

Die Leibwäsche

Die Qualitätskrise
unserer Textilindustrie
ist bestürzend ...

... Umfragen zufolge
wechselt der deutsche
Mann ...

Der Franzose

Schon der erste Blick
auf ein Freikörper-
kulturgelände ...

... in der Nähe
von Paris ...

. . . seine Unterhose schon nach einer Woche . . .

. . . früher konnte er sie jahrelang tragen!

. . . zeigt die ungeheure Überlegenheit . . .

. . . der französischen Herrenmode.

Der Deutsche

Die Existenz des häßlichen Deutschen kann nicht länger bestritten werden: . . .

. . . Wie umfangreiche Recherchen ergaben . . .

. . . handelt es sich um einen Herrn Hans-Heinz B., 48, aus P.*

* (Name und Anschrift sind dem Verlag bekannt)

13. Sport

Fußball (I)

Die weltweite Bedeutung des Fußballs ...

... beruht auf seiner durchdachten Gestaltung .

Fußball (II)

Einmalige Gelegenheit für Fußballfreunde mit schmalem Geldbeutel: ...

... Während der Bundesliga-Sommerpause erhalten sie ...

. . . In Würfelform
beispielsweise . . .

. . . wäre er nicht halb
so populär geworden.

. . gebrauchte Halblinke,
chtsaußen, Vorstopper und
Liberos . . .

. . . mit kleinen Fehlern
schon ab DM 350 000
(zuzügl. 12% MwSt.).

Fußball (III)

Zu Unrecht beklagt man in Fußballkreisen ...

... den Mangel an qualifizierten Flügelspielern

Leichtathletik

Bei den diesjährigen Leichtathletikmeisterschaften der Zierpflanzen ...

... siegte eine südbadische Kletterrose um Nasenlänge ...

. . . schließlich haben wir immer noch . . .

. . . Rubinstein, Kempff und Paulchen Kuhn.

. . . und wurde noch vor
m Singen der Nationalhymne
disqualifiziert: . . .

. . . Sie war mit Kunstdünger gedopt!

Schwimmen

Die Wiedereröffnung des Suez-Kanals ...

... ist aus gesundheitlichen Gründen sehr zu bedauern ...

Wintersport (I)

Skilauf bei Pappschnee ...

... ist ein sozialer Ausgleichssport ...

... es wurde nämlich
die Strecke Europa–
Indien ...

... für Brustschwimmer um
8000 Kilometer verkürzt.

... denn kleine Leute
haben die Möglichkeit ...

... mehrmals
täglich zu wachsen.

Wintersport (II)

Die Schutzgemeinschaft enttäuschter Winter-sportfreunde e. V. . . .

. . . fordert für das gesamte Alpengebiet . .

Olympiade

Überreizte Athleten aus aller Herren Ländern . . .

. . . haben auf ihre Teil-nahme an Olympischen Spiele verzichtet . . .

. . . die Anbringung
deutlich
lesbarer Gütesiegel . . .

. . . auf der Rückseite
der Neuschneedecke.

. . . seit bekannt-
geworden ist, daß täglich um
Mitternacht . . .

. . . mit dem Erscheinen
des olympischen Geistes zu
rechnen sei.

14. Letzte Gelegenheit...

Abschließend
gebe ich Ihnen die einmalige
Gelegenheit ...

... Ihre ganz persönliche
Meinung öffentlich
zu äußern ...

. . . Bitte sprechen Sie . . . 		. . . JETZT!

Loriots Werke im Diogenes Verlag

Loriots Großer Ratgeber
500 Abbildungen und erläuternde Texte geben Auskunft über alle Wechselfälle des Lebens. Leinen

Loriots Heile Welt
Neue gesammelte Texte und Zeichnungen zu brennenden Fragen der Zeit. Leinen

Loriots Großes Tagebuch
Intime Betrachtungen über wichtige Persönlichkeiten unserer Zeit, ergänzt durch Kommentare zum alltäglichen Leben des kleinen Mannes. Leinen

Loriots Dramatische Werke
Texte und Bilder aus sämtlichen Fernsehsendungen von Loriot. Leinen

Möpse und Menschen
Eine Art Biographie. Leinen

Szenen einer Ehe
Diogenes Evergreens

Wum und Wendelin erzählen Euch was
Eine Auswahl für Kinder aus ›Loriots Wum und Wendelin‹. kinder-detebe 25027

Loriots Kleine Prosa
Mit vielen Zeichnungen des Verfassers
detebe 20013

Loriots Tagebuch
Zeitgeschehen von Meisterhand
detebe 20114

Loriots Kleiner Ratgeber
Korrektes Verhalten in allen Lebenslagen
detebe 20161

Loriots Kommentare
zu Politik, Wirtschaft, Kultur und Sport
detebe 20544

Herzliche Glückwünsche
Ein umweltfreundliches Erzeugnis
detebe 20943

Der gute Ton
Das Handbuch feiner Lebensart
Diogenes Evergreens. Auch als detebe 20934

Für den Fall ...
Der neuzeitliche Helfer in schwierigen Lebenslagen. Diogenes Evergreens
Auch als detebe 20937

Der Weg zum Erfolg
Ein erschöpfender Ratgeber
Diogenes Evergreens. Auch als detebe 20935

Auf den Hund gekommen
44 lieblose Zeichnungen mit einem Geleitwort von Wolfgang Hildesheimer
detebe 20944

Umgang mit Tieren
Das einzige Nachschlagewerk seiner Art
detebe 20938

Wahre Geschichten
erlogen vom Verfasser. detebe 20936

Der gute Geschmack
Erlesene Rezepte für Küche und Karriere
Diogenes Evergreens. Auch als detebe 20940

Nimm's leicht!
Eine ebenso ernsthafte wie nützliche Betrachtung. Diogenes Evergreens
Auch als detebe 20939

Neue Lebenskunst
in Wort und Bild. Diogenes Evergreens
Auch als detebe 20941

Menschen, die man nicht vergißt
Achtzehn beispielhafte Bildergeschichten
Diogenes Evergreens. Auch als detebe 20942

Loriots mini Ratgeber
Im mini-Format passend für jede Lebenslage und jede Tasche. mini-detebe 79036

Loriots ganz kleine heile Welt
Ein Westentaschen-Almanach
mini-detebe 79037

Loriots Peepshow
Daumenkino in 10 Bänden

Ich denke an Dich!
mini-detebe 79402

Take it easy!
mini-detebe 79403

Vergiß mich nicht!
mini-detebe 79404

Viel Glück!
mini-detebe 79405

Schöne Grüße!
mini-detebe 79406

Viel Vergnügen!
mini-detebe 79407

Blöder Hund!
mini-detebe 79408

I love you!
mini-detebe 79409

Herzlichen Glückwunsch!
mini-detebe 79410

Bis bald!
mini-detebe 79411

Von Loriot illustriert:

Kinder für Anfänger
Kein Leitfaden von R. G. E. Lempp
detebe 20667

Eltern für Anfänger
Eine Verständnishilfe von R. G. E. Lempp
detebe 20668

Die Ehe für Anfängerinnen
Wie man einen Ehemann erzieht, erläutert von Hans Gmür. detebe 21004

Die Kunst der Karikatur
Karikatur als Kunst
im Diogenes Verlag

● **Franziska Becker**

Power!
Diogenes Kunstbuch

● **Bosc**

Alles, bloß das nicht
detebe 26081

Du mich auch
kunst-detebe 26076

Love and Order
Zeichnungen über Krieg und Frieden
detebe 20066

Keep smiling
Cartoons. detebe 21024

● **Wilhelm Busch**

Schöne Studienausgabe in 7 Einzelbänden:
Gedichte – Max und Moritz – Die fromme Helene – Tobias Knopp – Hans Huckebein / Fipps der Affe / Plisch und Plum – Balduin Bählamm / Maler Klecksel – Prosa
Herausgegeben von Friedrich Bohne
detebe 20107 – 20113

Das Wilhelm Busch Bilder- und Lesebuch
Mit Zeugnissen von Egon Friedell bis Robert Gernhardt. Herausgegeben von Gerd Haffmans. detebe 20391

● **Chaval**

Zum Lachen
Gesammelte Cartoons I. detebe 20154

Zum Heulen
Gesammelte Cartoons II. detebe 20155

Hochbegabter Mann, befähigt, durch die bloße Erdumdrehung einen Eindruck von Geschwindigkeit zu empfinden
Gesammelte Cartoons III. detebe 20156

Autofahren kann jeder!
Ein neuer Leitfaden für den modernen Kraftfahrer von Chaval und Christian Strich
detebe 21023

Chaval's Fotoschule
Ein unkonventioneller Leitfaden für Foto- und Filmfreunde. detebe 21210

● **Sam Cobean**

Die Gedanken sind frei
Ein Bilderbuch für Männer. detebe 21031

● **Honoré Daumier**

Mesdames
Ausgewählt von Anton Friedrich
kunst-detebe 26015

Messieurs
Ausgewählt von Anton Friedrich
kunst-detebe 26016

● **Friedrich Dürrenmatt**

Die Heimat im Plakat
Ein Buch für Schweizer Kinder
kunst-detebe 26026

● **Paul Flora**

Vergebliche Worte
Von Dichtern und Denkern
Diogenes Kunstbuch

Trauerflora
Idyllen. Mit einem Geleitwort von Friedrich Dürrenmatt. detebe 20090

Die verwurzelten Tiroler und ihre bösen Feinde
Diogenes Kunstbuch

● **Edward Gorey**

Die wahnsinnigen Werke des Edward Gorey
33 Bände. kunst-detebe 26033–26065

● **Francisco Goya**

Caprichos
Mit einem Vorwort von Urs Widmer
kunst-detebe 26003

Desastres de la Guerra
Mit einem Vorwort von Konrad Farner
kunst-detebe 26014

● **Grandville**

Eine andere Welt
Mit dem deutschen Text von Plinius dem Jüngsten und einer Kurzbiographie von Marianne Bernhard. kunst-detebe 26002

● **Loriot**

Loriots Großer Ratgeber
500 Abbildungen und erläuternde Texte
Leinen

Loriots Heile Welt
Neue gesammelte Texte und Zeichnungen
Leinen

Loriots Großes Tagebuch
Intime Betrachtungen über wichtige Persönlichkeiten. Leinen

Loriots Dramatische Werke
Texte und Bilder aus sämtlichen Fernsehsendungen von Loriot. Leinen

Möpse und Menschen
Ein Art Biographie. Leinen

Szenen einer Ehe
Kleine Diogenes Evergreens

● **Marie Marcks**

Darf ich zwischen euch?
Mann und Frau in Wort und Bild. Diogenes Kunstbuch

● **Luis Murschetz**

Wir sitzen alle im gleichen Boot
Ein satirisches Zeit- und Sittenbild. Diogenes Kunstbuch

● **Ronald Searle**

Weil noch das Lämpchen glüht
99 boshafte Zeichnungen, gerechtfertigt durch Friedrich Dürrenmatt. detebe 20014

● **Sempé**

So ein Zufall
Diogenes Kunstbuch

Kleine Abweichung
Diogenes Kunstbuch

Musiker
Solisten und Orchester aller Stile in allen Stilen. Diogenes Kunstbuch

Der Morgenmensch
Deutsch von Angela von Hagen
Diogenes Kunstbuch

Nichts ist einfach
Vorwort von François Bondy
kunst-detebe 26075

Alles wird komplizierter
detebe 26028

Konsumgesellschaft
detebe 20056

Volltreffer
detebe 20169

Umso schlimmer
detebe 20543

Wie verführe ich die Männer?
detebe 20947

Wie verführe ich die Frauen?
detebe 20948

Wie sag ich's meinen Kindern?
detebe 20949

Gute Fahrt!
detebe 21005

Der Lebenskünstler
und andere Bildergeschichten. detebe 21007

Von den Höhen und Tiefen
Deutsch von Hansjürgen Wille und Barbara Klau. detebe 21129

St-Tropez
detebe 21193

Carlino Caramel
kinder-detebe 25072

● **Siné**

Katzenjammer
Katzen-Cartoons. Eingedeutscht von Hans Weigel. detebe 20215

● **Roland Topor**

Tragödien
Zeichnungen 1958–1968. Mit einem Vorwort des Künstlers. kunst-detebe 26011

Toxicologie
Mit einem Vorwort von Arrabal und einem Nachwort von Jacques Prévert
kunst-detebe 26021

● **Hans Traxler**

Leute von Gestern
Einzelheiten aus dem Leben großer Geister
Diogenes Kunstbuch

● Tomi Ungerer

politrics
Die politischen Zeichnungen, Plakate und Cartoons, gesammelt von Anton Friedrich
kunst-detebe 26010

The Underground Sketchbook
Vorwort von Jonathan Miller
kunst-detebe 26069

Kompromisse
kunst-detebe 26070

Das Kamasutra der Frösche
detebe 20891

Eva und Adam
detebe 21169

● Friedrich Karl Waechter

Wahrscheinlich guckt wieder kein Schwein
Diogenes Kunstbuch

Es lebe die Freiheit
Diogenes Kunstbuch

Männer auf verlorenem Posten
Diogenes Kunstbuch

Nur den Kopf nicht hängen lassen
Bildergeschichten. detebe 21128

● Reiner Zimnik

Die Maschine
Ein ökologisch brisantes Kunstbuch

Geschichten vom Lektro
In zwei Bänden. detebe 20671–20672

Sebastian Gsangl
detebe 20694

● Cartoon Classics

Die besten Cartoons der besten Cartoonisten: Addams, Augustin, Bosc, Chaval, Cobean, Flora, Loriot, Murschetz, Sempé, Silverstein, Siné, Ungerer. detebe 26013

● Cherchez la femme

Die Liebe im Spiegel der großen Karikaturisten von Bosc bis Ungerer. detebe 20946

● Wird eingefahren!

Autos und ihre Besitzer, gezeichnet von Bosc, Chaval, Dubout, Kiraz, Steger u.a
detebe 21014